Mit Jakob durch das Jahr

Illustrationen: Irmgard Eberhard
Gedichte: Regina Schwarz
Druck und Bindung: Druckerei Himmer, Augsburg

ISBN 3-89858-047-4

spielen und lernen

Mit Jakob durch das Jahr

Irmgard Eberhard

Frühling

Maxi, Jakob, Bär und Hase
hält es nicht im Haus.
Mit dem neuen Bollerwagen
fahren sie hinaus.
Auf der Osterglockenwiese
halten sie dann an,
weil man dort in aller Ruhe
Picknick machen kann.
Und den ganzen Tag, den langen,
toben sie und spielen Fangen.

Im Garten

Alle Raben sind gekommen, um Jakob und Maxi im Garten zu helfen.
Welcher Rabe braucht welches Werkzeug?

Frühlingsstrauß

Gib den Frühlingsblumen leuchtende Farben! Die Blütenblätter zeigen dir, welche Farben die Blumen bekommen.

Rabenfasching

Raben verkleiden sich gern.
Sie gehen zum Fasching als Tänzerin,
als Indianer … Als was noch?
Haben sie auch Namen?
Vielleicht: Tapferer Ritter vom Eichenlaub?

Später machen die Raben ein Schattenspiel. Erkennst du sie in ihren Verkleidungen auch als Schatten wieder? Eine Schattenfigur ist zu viel. Welche ist es?

Im Vogelwald

Jakob und Maxi hören viele Vogelstimmen. Aber wo sind die Vögel? Es sind zehn Vögel. Dreh das Bild hin und her, dann findest du sie. Mal sie noch bunt an. Entdeckst du auch Jakobs Bär?

Blumentiere

Guck dir all die bunten Blüten an. Welche Tiere kannst du daraus malen? Einen Schmetterling? Oder einen großen Vogel?

Spiele auf dem Hof

Seilspringen
Probiere mal verschiedene Springarten aus: mit dem rechten Bein, dem linken Bein, mit beiden Beinen abwechselnd, mit beiden Beinen gleichzeitig…

Auf dem Markt
Wollt ihr Markt spielen? Auf Kisten könnt ihr Gemüse und Obst legen.
Wer möchte bei euch einkaufen?

Umrisse
Leg dich auf den Boden, dein Freund kann mit Kreide deinen Umriss malen.

Namen werfen
Teilt einen Kreis in genau so viele Stücke, wie ihr Mitspieler seid, und schreibt eure Namen hinein. Die größten Kinder nehmen die Plätze, die am weitesten weg sind. Dann werft ihr der Reihe nach Steinchen in euer Feld. In welchem Feld landen die meisten Steinchen?

Von Tag zu Tag
Male mit Kreide das Hüpfspiel auf den Boden. Zunächst wirfst du einen Stein auf den Montag. Dann hüpfst du auf einem Bein durch die Woche, ohne eine Linie zu berühren.
Achtung: Den Tag mit dem Steinchen musst du überspringen!
Wenn du die Aufgabe gelöst hast, darfst du in der nächsten Runde den Stein auf den nächsten Tag werfen.

Tausendfüßler
Aus Kisten und alten Stoffresten könnt ihr euch lustige Verkleidungen basteln.

Hoch das Bein!
Zwei Kinder halten ein Seil. Zunächst ist das Seil fast am Boden. Das dritte Kind versucht, das Seil mit einem Fuß zu berühren. Langsam haltet ihr das Seil aber immer höher. Wer springt so hoch, dass er das Seil noch berühren kann?

Wir verkleiden uns

Farbe, Pinsel und Papier,
aufgepasst, heut malen wir.

Königskrone, Cowboyhut
stehen diesen Raben gut.

Jetzt noch Hasenohren her,
und nun ratet: Wer ist wer?

In der Osterküche

Jakob und Maxi kochen ihr Ostermenü. Bald gibt es etwas ganz Leckeres zu essen!
Die Sachen unten sind auch im großen Bild zu sehen. Findest du sie?
Der Osterhase hat 10 Eier bei Jakob und Maxi versteckt. Hilfst du ihnen suchen?

Sommer

Das wünschen sich die beiden Raben,
den ganzen Tag lang Zeit zu haben,
um Abenteuer zu bestehen
und bunte Fische anzusehen.
Um Wasserpflanzen zu entdecken
und sich dort unten zu verstecken.
Um Meereswunder zu erleben
und Schätze tief vom Grund zu heben,
die wie in einem Blumengarten
auf ihre zwei Entdecker warten.

Ein Seeräuberschiff

Zusammen mit Jakob und Maxi kannst du ein Seeräuberschiff erforschen. Findest du die Schätze? Wie viele Raben sind unter Wasser?

Schneckenhäuser

So viele Schneckenhäuser haben Jakob und Maxi am Strand gefunden! Schätze mal, wie viele es sind.

Schaut genau hin!

Guckt euch die Bilder auf dieser Seite genau an. Nach einer Minute schließt ihr das Buch. Nun schreibt jeder auf, was er gesehen hat. Wer kann sich an die meisten Bilder erinnern?
Ihr könnt euch auch nur erzählen, an welche Bilder ihr euch erinnert.

Eine kühle Dusche

Endlich ist es richtig heiß geworden. Die Raben freuen sich über eine kühle Dusche. Aber noch sind sie nicht dran! Wer steht denn da unter der Dusche? Malt es einfach in das Bild hinein.

Abenteuer im Dschungel

Jakob und Maxi sind in Afrika. Mit dem Kanu fahren sie durch den Dschungel. Welche Tiere entdeckst du auf dem Bild?

Urwald-Labyrinth

Im Urwald hängen viele Lianen. Doch Vorsicht, wenn man daran zieht! Denn am anderen Ende sind Tiere. Welche Liane führt zu welchem Tier?

Am Strand

Heute ist ein wunderschöner Sommertag. Die Raben sind ans Meer gefahren.
Siehst du, welchem Raben welches Handtuch gehört?

Lauter bunte Fische

Jakob und seine Freunde tauchen im Meer. Überall schwimmen bunte Fische herum. Aber halt! Die Fische sind ja noch weiß! Malst du alle weißen Fische bunt an?

Ein Sommertag ...

Am allerliebsten fahren Raben
ein Dreirad, weil sie's eilig haben.

Sich Rollschuh an die Füße schnallen
und laufen, ohne hinzufallen.

Ob Raben Purzelbäume schlagen?
Na klar! Wer stellt denn solche Fragen.

... mit Jakob

Dann mögen sie noch Fußball spielen
und gern auf dies und jenes zielen.

Die Raben können Lieder singen,
mit Schwung von jeder Schaukel springen.

Und ist es heiß, dann wollen Raben
am liebsten kaltes Wasser haben.

Als die Raben zurückkommen, ist es schon dunkel.
Guck dir das untere Bild ganz genau an. Sind auch alle Raben wieder gekommen? Haben die Raben auch nichts liegen lassen?

Raben-Ausflug

Wenn Raben einen Ausflug machen,
packt jeder seine Siebensachen:
Kompass, eine alte Uhr,
Quietsche-Ente an der Schnur,
Angelrute, Proviant,
einen Wimpel für den Strand,
Taschenlampe, Teddybär,
Springseil und noch vieles mehr.
Los geht's dann bis in die Nacht –
weißt du, wie das müde macht!

Komme um
Uhr
zu mir!
I.E.

Herbst

Raben sagen: „Nichts dagegen,
stört uns nicht, der Prasselregen!
Schließlich gibt es warme Mützen,
die ganz fest auf Köpfen sitzen,
Schirme, die sich falschrum biegen
und beinahe mit uns fliegen,
und dann gibt es, um zu spritzen,
tiefe, klare Wasserpfützen,
woran wir hier, wir zwei Raben,
unsere größte Freude haben."

Im Wald

Jakob und Maxi spielen im Wald. Auch Jakobs Bär ist dabei. Was haben sie alles gefunden? Die Sachen auf dieser Seite sind auch im großen Bild versteckt. Findest du den Käfer? Und die Hagebutte? Und wo sind die anderen Dinge?

Spiele im Wald ...

Boot fahren
Aus Zweigen könnt ihr Boote und Flöße bauen und diese im Bach schwimmen lassen.

Fangen
Wenn ihr im Wald Fangen spielt, seid ihr nur dann sicher, wenn ihr einen Baum berührt!

Masken
Wer kann im Wald lustige Masken basteln?

Spalier
Grabt immer zwei Äste in den Boden und stellt sie zu einem Spalier zusammen.

... und auf der Wiese

Indianertanz
Im Herbst gibt es viele verschiedene Blätter.
Bastelt euch einen Indianerkopfschmuck!

Huckepack
Allein über einen Stamm zu springen ist leicht.
Aber versucht es einmal Huckepack!

Ast-Ziehen
Wer ist der Stärkste?

Holzstapel-Springen
Sucht verschiedene Äste.
Legt immer einen neuen Ast auf den Stapel. Wer kann noch darüber springen?

Blättersturm

Raben gehn auf Blätterfang,
machen sich ganz groß und lang.

Plötzlich, wie im freien Fall,
tausend Blätter überall.

Und was wird damit gemacht?
Eine wilde Blätterschlacht!

Gewitterwolke

Huh, da zieht sich aber eine dunkle Gewitterwolke zusammen. Aber was regnet es? Das sind ja keine Regentropfen! Was kommt denn aus dieser bunten Wolke? Male es doch auf.

Ein Herbstrezept

Im Herbst gibt es frische Äpfel.
Daraus kannst du einen leckeren Obstsalat machen.

Schneide eine Banane in Stücke
und tue diese in eine Schüssel.

Dann schälst du einen Apfel.

Reibe den Apfel in
dieselbe Schüssel.

Presse Zitronensaft
über das Obst.

Wenn du magst, kannst du
etwas Honig unterrühren.

Jetzt ist der Obstsalat fertig.
Guten Appetit!

Das Bett

Es ist nicht nur zum Schlafen da,
du kannst auch darin toben.
Die Beine liegen unten drin,
der Kopf liegt weiter oben.

Es ist nicht nur zum Schlafen da,
du kannst auch darin lesen,
und außerdem ist's immer schon
zum Träumen gut gewesen.

Und sieh doch nur, in diesem Traum,
da liegen Raben unterm Baum.
Der eine blinzelt, denkt benommen:
Wie bin ich bloß hier hingekommen?

BIO

Im Gartenhaus

Die kleinen Raben räumen im Gartenhaus auf und lagern ihre Vorräte. Unten sind Sachen abgebildet. Findest du sie im großen Bild wieder? Durch die offene Tür sind zehn Mäuse gehuscht. Entdeckst du sie?

Winter

Weißt du, was sich Raben wünschen?
Dass der Schnee ganz sacht
Weg, Laterne, Gartenzäune
hell und glitzernd macht.

Weißt du, was sich Raben wünschen?
Flocken weit und breit,
denn so bleibt zum Schlittenfahren
jede Menge Zeit.

Etwas Schöneres für Raben
gibt's im Winter nicht.
Schnee zu schmecken und zu fühlen,
Flocken im Gesicht.

Schlittschuh fahren

Schlittschuh fahren ist nur dann
einfach, wenn man es schon kann.

Wer das Gleichgewicht verliert,
na, der fällt! Schon ist's passiert.

Doch zu viert geht's ganz und gar
vogelleicht und wunderbar.

Der See ist zugefroren!

Auf diesem Bild siehst du, was die Raben gerne tun, wenn es richtig kalt ist.

Sechs Raben tragen Buchstaben auf ihren Pullovern. Findest du sie? Welches Wort kannst du daraus bilden?

Die Eishockey-Spieler suchen den Puck. Wer hat ihn weggenommen? Guck mal auf der rechten Seite genau hin.

Gleich beginnt der Paarlauf.
Du kannst die drei Paare an den Kostümen mit demselben Muster erkennen. Findest du sie?

Ein Rabe hat einen lila-weiß-gestreiften Schal um und eine lila Hose an.
Was hält er in der Hand?

In der Adventszeit

Jakob hat schon den Adventskalender aufgehängt. Aber es fehlen noch Päckchen. Kannst du sie auf dem Bild entdecken?

Weihnachtsgeschenke

Jakob und Maxi haben alle Geschenke schön verpackt.
Wirklich alle? Welches Geschenk steckt in welchem Päckchen?
Ein Geschenk ist dabei, das gar nicht verpackt ist!

Bald ist Weihnachten

Zehn kleine Raben freuen sich! Worauf?
Wenn du es wissen willst, schreibe die Buchstaben unten in die passenden Felder.

Weihnachtsbaum

Die Rabenengel schmücken
den Christbaum.
Was hängen sie alles hinein?
Hilfst du ihnen?

Spiele im und am Bett

Kissenburg
Aus Kissen und Decken könnt ihr euch ein klasse Versteck bauen.

Schattenspiel
Was ist denn das? Ein Hase? Ein Vogel?

Betten-Landschaft
Wer wohnt oben auf dem Decken-Berg? Und wer rutscht gerade den Matratzenhügel hinunter?

Verkleiden
Mit alten Kleidungsstücken von Papa und Mama kann man herrlich Verkleiden spielen!

Gute Nacht, liebe Raben!

Es ist schon spät, gleich sollen die Raben ins Bett gehen.
Siehst du, welcher Rabe in welches Bettchen gehört?

Inhaltsverzeichnis

Frühling

Im Garten	8
Frühlingsstrauß	9
Rabenfasching	10
Im Vogelwald	12
Blumentiere	13
Spiele auf dem Hof	14
Wir verkleiden uns	16
In der Osterküche	18

Herbst

Im Wald	36
Spiele im Wald und auf der Wiese	38
Blättersturm	40
Gewitterwolke	41
Ein Herbstrezept	42
Das Bett	44
Im Gartenhaus	46

Sommer

Ein Seeräuberschiff	22
Schneckenhäuser	23
Schaut genau hin!	24
Eine kühle Dusche	25
Abenteuer im Dschungel	26
Urwald-Labyrinth	27
Am Strand	28
Lauter bunte Fische	29
Ein Sommertag mit Jakob	30
Raben-Ausflug	32

Winter

Schlittschuh fahren	50
Der See ist zugefroren!	52
In der Adventszeit	54
Weihnachtsgeschenke	55
Bald ist Weihnachten	56
Weihnachtsbaum	57
Spiele im und am Bett	58
Gute Nacht, liebe Raben!	60

Bastelbuch

BUCH
LESEN
JAKOB

Anzieh-Jakob

Welche Kleidung trägt Jakob heute? Schneide Jakob und die Kleidungsstücke vorsichtig aus. Dann kannst du Jakob das anziehen, was er an diesem Tag braucht.

Ein Tag mit Jakob

Schneidet alle Kärtchen aus und mischt sie. Ein Kind zieht eine Karte und erzählt dazu eine Geschichte, die das nächste Kind mit der zweiten Karte fortsetzt. So geht es immer weiter …

Trinkhalm-Raben

Feierst du ein Fest? Dann kannst du die Trinkhalme mit diesen Raben-Fähnchen schmücken. Schneide die Fähnchen aus, knicke sie in der Mitte und bestreiche sie mit Kleber. Dann klebst du sie um einen Trinkhalm herum.
Wer mag, kann noch Namen draufschreiben!

Möchtest du die Fähnchen lieber selbst bemalen?
Das kannst du auf dieser Seite tun.
Dann musst du sie anders herum zusammenkleben.
Hier kannst du Fransen einschneiden.

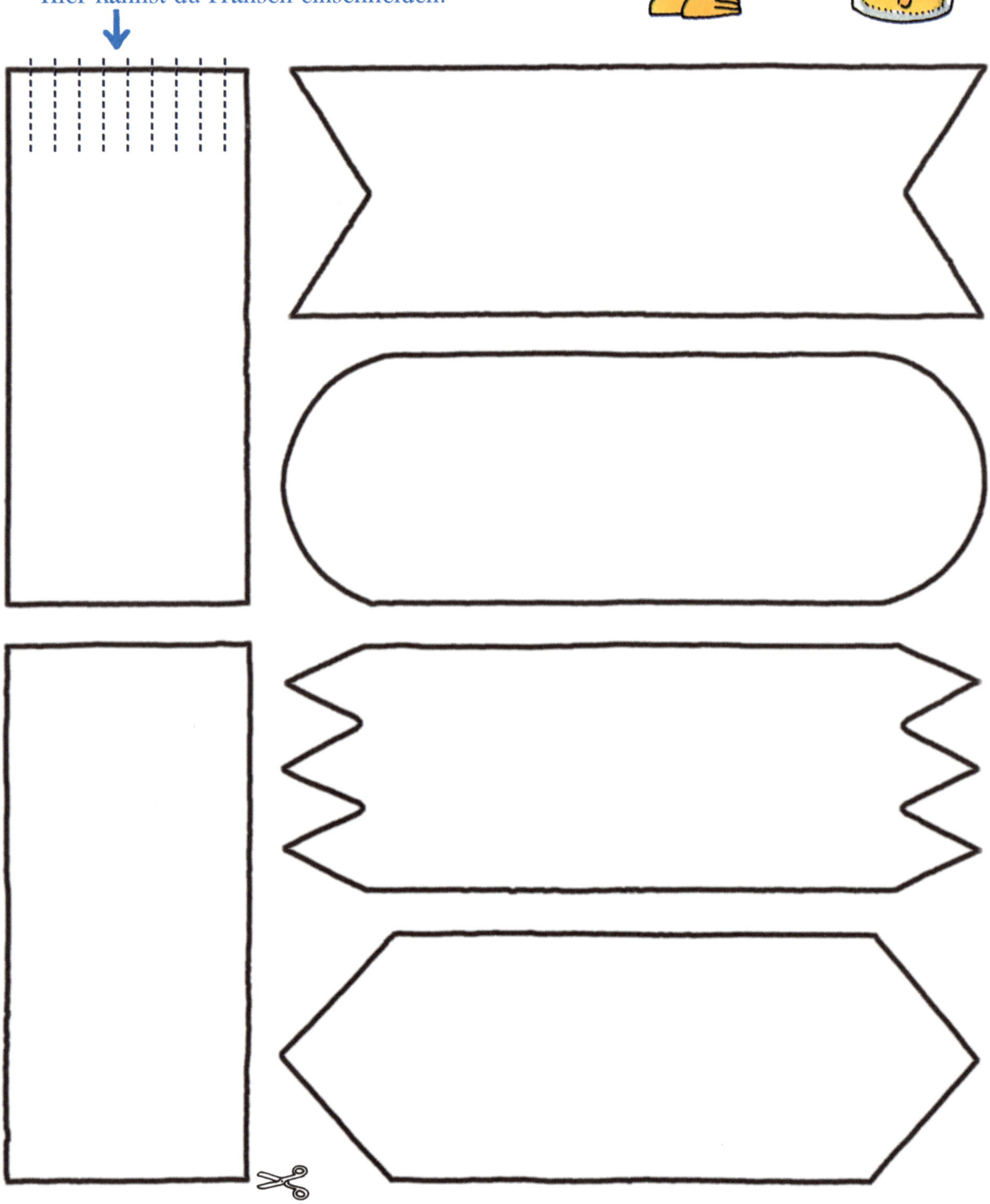

Tapfere Drachenreiter

Schneide den Rabenprinz und die Prinzessin aus und klebe die zwei gleichen Teile oberhalb der Linie zusammen. Die unteren Halbkreise klappst du ein bisschen auseinander. Jetzt können Prinz und Prinzessin auf ihren Drachen losreiten.

BUCH
LESEN
JAKOB

Blätter sammeln

Ein Würfelspiel für zwei bis vier Kinder

Schneide die kleinen Blätterkärtchen aus. Jeder Mitspieler sucht sich einen Raben in der Mitte und legt die passenden kleinen Kärtchen darauf. Dann wird gewürfelt: Wer auf ein Blatt seiner Sorte kommt, darf sich aus der Mitte ein Kärtchen nehmen. Wer bringt zuerst alle drei Blätter-Kärtchen ins Ziel? Dieses Spiel könnt ihr auch mit echten Blättern spielen.

Nimm dir ein Blatt deiner Sorte.
Ich sammle Eichenblätter.
Ich sammle Lindenblätter.
Ich sammle Blätter von der Pappel.
Ich sammle Ahornblätter.
Schenke einem Mitspieler ein Blatt seiner Sorte.

ZEITUNG

Jakobs Sonnenkappe

Auf dieser lustigen Sonnenkappe
siehst du Jakob als Piloten.
So bastelst du sie dir:
Schneide beide Teile aus und klebe
die lila Laschen hinten unter den
oberen Teil.

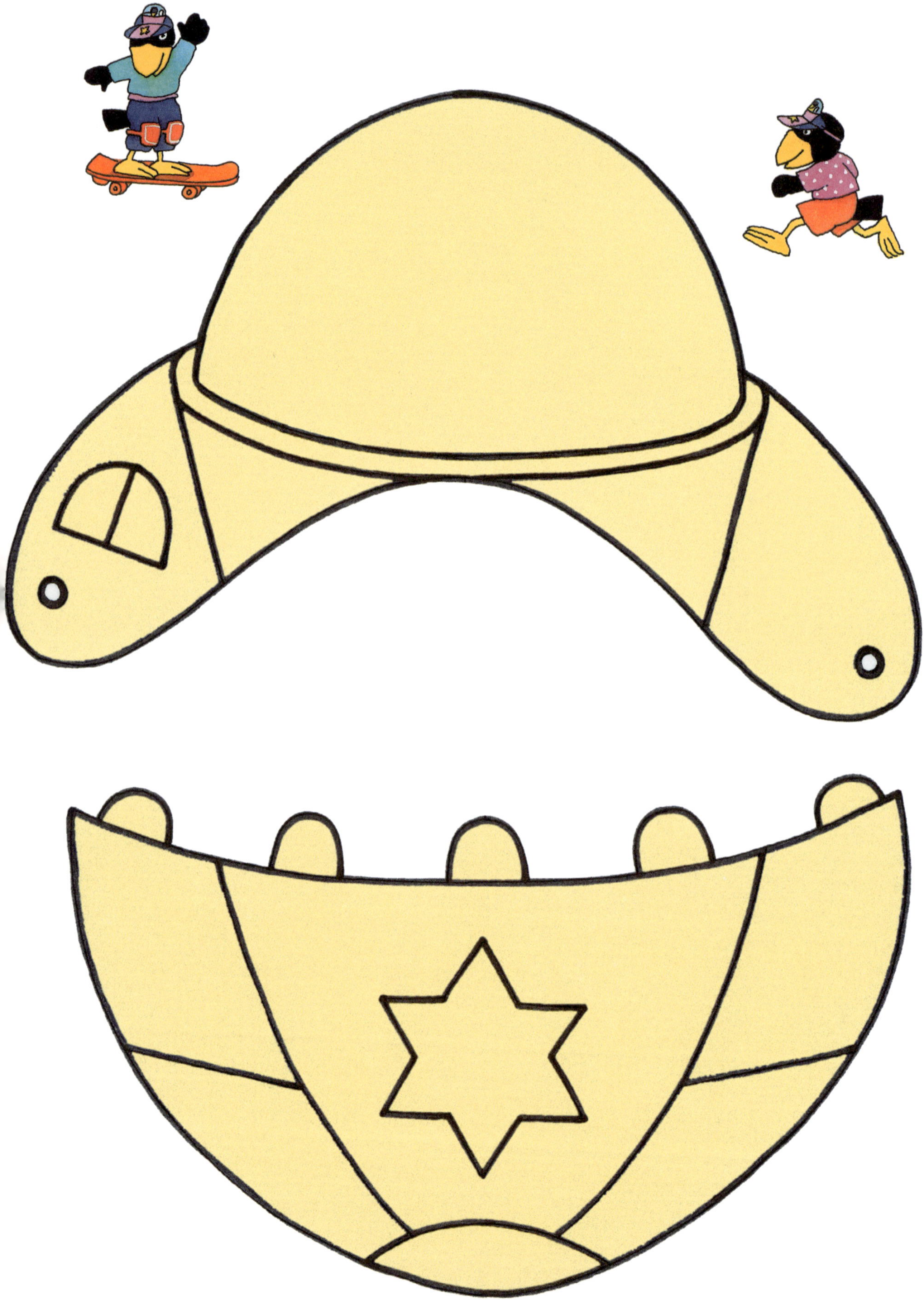

Das lustige Memo-Spiel

Die bunten Bildkärtchen laden dich zum Spielen ein. Schneide sie aus dem Bogen heraus, dann hast du ein richtiges Kartenspiel. Schau gleich auf die nächste Seite. Dann kann es losgehen: zu zweit oder zu mehreren.

So wird gespielt: Alle Karten werden umgedreht auf den Tisch gelegt. Der Reihe nach darf jeder zwei Karten aufdecken. Sind es zwei gleiche Karten? Dann darf der Spieler sie behalten und zwei weitere Karten aufdecken.
Wenn nicht, werden sie wieder umgedreht und der Nächste ist an der Reihe. Wer hat am Schluss die meisten Karten?

Rabe und Bär

Damit sich Rabe und Bär hin- und herziehen können, musst du alle Teile aus der Seite ausschneiden. Stecke sie mit Briefklammern (wie auf der kleinen Zeichnung zu sehen) an den gelben Punkten zusammen. Zuerst die beiden grünen Streifen, darauf die Körper, oben drauf die Arme und Beine.

Mutige Himmelsflieger

Fünf mutige Raben
sind in ihren Fliegern
unterwegs.

Wenn du dir dieses
schöne Mobile basteln
möchtest, schau gleich
auf die nächste Seite.

Mutige Himmelsflieger

Liebe Kinder

**Auf den nächsten Seiten
sind ganz viele
Bastel- und Spielideen.**

**Da gibt es eine Uhr,
Spielkarten für ein Memoryspiel,
ein Mobile aus Himmelsfliegern,
bunte Fähnchen für eure Party,
ein Herbstblätter-Spiel
und vieles, vieles mehr.**

**Holt euch schnell Schere und Klebstoff,
und schon kann es losgehen!**

Viel Spaß dabei!

Illustrationen: Irmgard Eberhard
ISBN 3-89858-047-4

spielen
und lernen

Das Spiel- und Bastelbuch mit Jakob

oz velber

Armer, kranker Rabe

Bei diesem Spiel werden alle Karten ausgeschnitten und an 4 bis 6 Mitspieler verteilt. Von seinem rechten Nachbarn zieht jeder reihum eine Karte. Hat jemand zwei gleiche Figuren gezogen, dürfen die Karten abgelegt werden. Wer zum Schluss den armen, kranken Raben in der Hand hält, hat verloren und muss deshalb von den anderen getröstet werden.